SERIE

TRANSFORMACIÓN DIGITAL

BASADA EN LA IMPLEMENTACIÓN DE
TECNOLOGÍAS BIG DATA & MODELOS DE MACHINE LEARNING

(Edición en Español)

HR ANALYTICS

DIGITAL TRANSFORMATION TEAM

José Luis CUBERO-SOMED

bigdatamy.com

Serie | Transformación Digital
HR ANALYTICS:
DIGITAL TRANSFORMATION TEAM
Edición en Español

1ª Edición: agosto de 2020

Autor: José Luis CUBERO-SOMED
Diseño de portada: Ana María CUBERO-CUTANDA

ASIN: B08FBC4RNT
ISBN: 9798558059434

PRESENTACIÓN

Guía rápida para conformar un equipo de trabajo especializado en el desarrollo de procesos de Transformación Digital.

¿Por qué este libro?

Tanto el proceso de Transformación Digital de una empresa, como los proceso de **Big Data Analytics**[1] que lo integran, requiere de la conformación de un equipo de trabajo especializado. Por lo que me ha parecido muy adecuado incorporar este cuarto libro a la Serie, para que todos aquellos interesados en HR Analytics puedan conocer cómo se pueden conformar estos equipos multidisciplinares, de cara a una futura Transformación Digital de una empresa.

¿A quién le puede ser útil?

De modo preferente, este libro puede ser muy útil para HR Managers, CDOs, CTOs, Data Scientists & Project Managers que necesiten configurar equipos de trabajo que les ayuden a llevar a cabo estos procesos, bien sean equipos de carácter operativo, para realizar procesos de Big Data Analytics o bien, equipos directivos, para dirigir y coordinar un proceso de Transformación Digital completo.

¿Qué te puede aportar su lectura?

---

[1] Proceso que realiza la implementación de un único modelo de Machine Learning, que da solución a un problema planteado por un área de actividad concreta de la empresa.

Tras la lectura de este libro podrás adquirir los conocimientos necesarios para saber cuales son los paradigmas que forman parte de los procesos de Transformación Digital y qué perfiles profesionales se ajustan a cada uno de ellos, lo que te permitirá conformar un equipo multidisciplinar para llevarlos a cabo.

El trabajo tiene, entre otras ventajas, la de acortar los días y alargar la vida.

Denis Diderot

CONTENIDO

Anexos

INTRODUCCIÓN DEL AUTOR

La Transformación Digital de una empresa, cuando ésta está basada en la implementación de tecnologías Big Data & modelos de Machine Learning, suele estar formada por la agregación de varios procesos de Big Data Analytics, siendo éstos los procesos unitarios que permiten transformar datos, procedentes de fuentes heterogéneas, en la información analítica que alimenta los cuadros de mando para la Toma de Decisiones.

Por otra parte, en el desarrollo de este proceso unitario se ven involucrados los diferentes **Paradigmas**[2] que hay en torno a toda actividad que tiene que ver con la Transformación Digital de una empresa.

Tal y como se puede deducir, de lo expuesto hasta ahora, estaríamos ante dos tipologías distintas a la hora de confor-

---

[2] Industry 4.0.
 ETL Process –Extract, Transform & Load–.
 Analytics (Data Science).
 - Data Mining.
 - Machine Learning.
 Big Data.
 Business Intelligence.

mar los equipos de trabajo que las pudiesen llevar a cabo, las cuales tendrán dos objetivos marcadamente diferenciados.

- Por un lado, tendríamos los **procesos de Big Data Analytics**: que requerirían de la conformación de un equipo multidisciplinar que afronte, de modo operativo, cada uno de los paradigmas enumerados con anterioridad.

- Mientras que, por otro lado, tendríamos el **proceso de Transformación Digital** completo de toda la compañía, el cual requerirá de la conformación de un equipo directivo que planifique, organice, dirija y controle el desarrollo del conjunto de los procesos de Big Data Analytics que fuese necesario implementar, integrándolos en un único **Master Plan**[3] que aglutine todos los procesos de modelización.

Des este modo, el contenido de este libro lo he enfocado a poner en conocimiento del lector cuales son los perfiles que se han de asignar, tango en la parte operativa, como en la parte directiva, y, por otra parte, a:

- Describir los objetivos que deben perseguir cada uno de los perfile asignados.

- Indicar de qué conocimientos y habilidades deben disponer para llevar a cabo sus tareas.

---

[3] Conjunto organizado de decisiones sobre cómo implementar un proyecto en un futuro próximo. Que en el caso que nos ocupa, se trata del **Documento Director** que hace las funciones de hoja de ruta a seguir para el desarrollo del proceso de Transformación Digital de una empresa.

- Y hacer una relación de las herramientas, técnicas y tecnologías que deberán dominar en cada caso.

Con este enfoque, la pretensión es que el lector tenga clara la configuración del equipo de trabajo necesario para desarrollar un único modelo y, por ende, adquiera también una visión más amplia de la estructura de un equipo de trabajo para la realización de una Transformación Digital completa, basada en la implementación de tecnologías Big Data y modelos de Machine Learning.

Para finalizar con esta introducción, me gustaría hacer constar al lector, que he procurado huir de crear listas de tecnologías a dominar por los perfiles profesionales, centrando más el contenido de los apartados en conceptos y funciones. La razón de esta forma de proceder, es porque las tecnologías son muy cambiantes y no tiene mucho sentido enumerarlas, máxime cuando sus denominaciones son muy abstractas y no suelen aportar demasiada información útil. Mientras que los conceptos y funciones son los que suelen perdurar, tal y como me ha demostrado mi propia experiencia a lo largo de los años.

Espero que este trabajo, en el que he puesto ilusión, esfuerzo y empeño, sea de tu utilidad y te ayude no sólo a conformar los equipos de trabajos adecuados para realizar una Transformación Digital, si no que, por otra parte, espero que el adquirir estos conocimientos te permita enfocarte mejor hacia el futuro que viene.

José Luis CUBERO-SOMED

PREÁMBULO

CONCEPTOS CLAVE

La conformación de un equipo de trabajo, en lo que al desarrollo de un proceso de Big Data Analytics se refiere, debe basarse en la asignación de recurso vinculados al dominio de las funciones relacionadas con los **paradigmas**[4] en los que se sustenta la Transformación Digital. Motivo por el cual el texto se ha estructurado en los siguientes capítulos:

- **Paradigmas de la Digitalización**: en este capítulo se enumerarán y definirán los conceptos básico de los paradigmas que conforman la Transformación Digital. Con la pretensión de que el lector siente las bases que le permitan comprender cuales son las principales funciones y tareas que se han de realizar para llevar a cabo un proceso de Big Data Analytics. Y, por otra parte, se profundizará en el cambio de paradigma general, que se produce en una empresa u organización, cuando se ha realizado la Transformación Digital de la misma.

- **Big Data Analytics Team**: una vez se tienen clara la base conceptual en la que se sustentan los paradigmas, se asignarán a éstos los perfiles adecuados para desarrollarlos y se describirán las principales características de cada uno de ellos.

---

[4] Modelo de trabajo o patrón compartido por una comunidad, en la que se comparten conceptos básicos, procedimientos, etc. para alcanzar un fin concreto.

- Digital Transformation Management: es evidente, como se ha mencionado a lo largo del texto, que los equipos de trabajo se conforman para una unidad de proceso, como es el proceso de Big Data Analytics, pero cuando se trata de la Transformación Digital de una empresa en su conjunto, se hace necesario integrar los equipos de cada proceso en un equipo más amplio, bajo una misma dirección. Por lo que será en este último capítulo, en el que se mostrarán cuales son los perfiles que deben asumir el liderazgo de una Transformación Digital completa.

Esta forma de estructurar el contenido del libro, permitirá ordenar el puzzle de la Transformación Digital, en base a tres hitos fundamentales:

(i) Conocimiento profundo de los paradigmas en los que se sustenta la Transformación Digital.

(ii) Comprensión de cuál es el proceso unitario mínimo —proceso de Big Data Analytics— sobre el que asignan los recurso humanos necesarios para llevarlo a cabo.

(iii) Entender el modo en el que se han escalar los equipos de cada proceso unitario, hasta integrarlos en un proyecto completo de Transformación Digital de la empresa.

CONCEPTUALIZACIÓN

PARADIGMAS DE LA DIGITALIZACIÓN

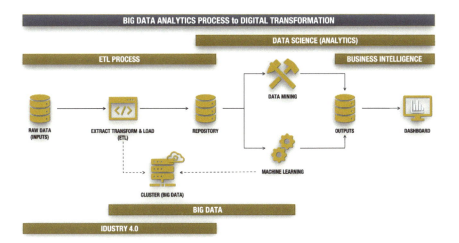

BIG DATA ANALYTICS PROCESS to DIGITAL TRANSFORMATION

PARADIGMAS DE LA DIGITALIZACIÓN. Industria 4.0: IoT → Internet de las Cosas (sensorización). Proceso de ETL: Tabla Minable → Extracción, Transformación y Carga de datos en formato matricial. Data Science: Analytics → Data Mining & Machine Learning. Business Intelligence: Visualización → Toma de Decisiones. Big Data: Latencia → Computación mediante clústeres para la distribución del cómputo.

Los **Paradigmas** en los que sustenta toda Transformación Digital, basada en la implementación de tecnologías Big Data y modelos de Machine Learning, siguen una dinámica que se integra en el flujo de un proceso de Big Data Analytics.

Teniendo, como consecuencia lógica, lo que se podría denominar como **Cambio de Paradigma**[5] a nivel general, debi-

---

[5] Un cambio de paradigma es, según Thomas Kuhn, un cambio en los supuestos básicos, o paradigmas, dentro de la teoría dominante de la ciencia.

do al cambio que se produce en la cultura empresarial, una vez se ha realizado la Transformación Digital de la empresa.

PARADIGMAS vs BIG DATA ANALYTICS

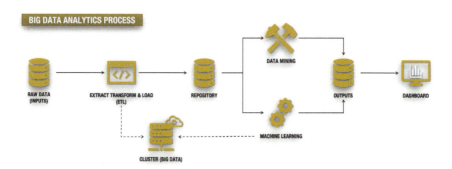

PROCESO DE BIG DATA ANALYTICS. Raw Data: Inputs → Datos procedentes de fuentes heterogéneas. ETL process: Tabla Minable → Extracción, Transformación y Carga de datos en formato matricial. Data Mining: Muestreo → Análisis de factibilidad de los modelos. Machine Learning: Prototipado → Evaluación de la viabilidad de los modelos. BI (Cuadros de Mando): Outputs → Visualización para la Toma de Decisiones. Big Data: Latencia → Computación mediante clústeres para la distribución del cómputo.

Todo proceso que, transforma datos, procedentes de fuentes heterogéneas, aplica ciencia a los mismos y presentar el resultado analítico en un cuadro de mando para la Toma de Decisiones, es lo que se viene a denominar como proceso de Big Data Analytics.

Este proceso unitario, entendiendo como unitario al desarrollo de una única modelización, consta de las siguientes fases:

- **Raw Data (Inputs)**: aquí nos encontraremos con las fuentes de datos iniciales, que pueden presentar la información, tanto en modo estructurado, como no estructurado, pero, en todo caso, se presentaría de una forma, que se suele denominar como bruta, sin utilidad analítica.

- **ETL process**: posteriormente, la información inicial requerirá de un proceso de Extracción, Transformación y Carga de los datos. Obteniéndose como resultado tablas de datos, estructurados en forma de filas y columnas, denominadas Tablas Minables. Siendo estos datos, ahora sí, de utilidad analítica.

- **Data Mining**: en esta fase, una vez obtenidas las correspondientes Tablas Minables, se realizará una modelización preliminar sobre una muestra de los datos, al objeto de comprobar la **factibilidad**[6] del modelo. Decidiendo continuar con el proceso, en el caso de que el modelo no presente sobreajuste[7] y sea, por tanto, factible.

- **Machine Learning**: si se pasa la fase anterior, se procederá a realizar un Modelo de Machine Learning. Esta vez utilizando grandes volúmenes de datos y librerías de cómputo de máxima complejidad, para tratar de conseguir la mayor

---

[6] Disponibilidad de los recursos necesarios para llevar a cabo los objetivos o metas señaladas, es decir, si es posible cumplir con las metas que se tienen en un proyecto, tomando en cuenta los recursos con los que se cuenta para su realización.

[7] El sobreajuste de un modelo se produce cuando se da una diferencia significativa entre el error cometido en la fase de entrenamiento y el error cometido cuando se realiza un test con otro conjunto de datos diferente.

precisión posible del modelo. Considerando su **viabilidad**[8], siempre y cuando la precisión máxima alcanzada en la modelización sea superior a la precisión exigida por la empresa.

- **BI**: una vez se ha obtenido un modelo con la precisión exigida, éste se ha de poner en producción, alimentando cuadros de mando que permitan generar valor añadido para la empresa a través de una optimización en la Toma de Decisiones. Siendo esta fase, la correspondiente al desarrollo del Business Intelligence.

- **Big Data**: se trata de una fase auxiliar, que se corresponde con la implementación de tecnologías Big Data. Concretamente hace referencia, en la mayoría de los casos, a la implementación de un **clúster**[9] que permite realizar computación distribuida, reduciendo considerablemente los tiempos de latencia o tiempos de cómputo. Ésta suele ser necesaria, en función de la demanda de las necesidades de cómputo, en las fases de ETL o Machine Learning, independientemente.

Pues bien, todo este proceso se sustenta sobre unos Paradigmas cuyos fundamentos son las base de las profesiones

---

[8] Estudio que dispone el éxito o fracaso de un proyecto a partir de una serie de datos base de naturaleza empírica.

[9] Sistema de computadoras o instancias, interconectada entre sí, que trabajan en paralelo. Lo que permite reducir significativamente el tiempo de cómputo. Éstos se pueden configurar de forma física o, por medio de instancias, en la nube.

que giran en torno al Big Data Analytics. Para avanzar en este sentido, veamos cuál es el fundamento de cada uno de los Paradigmas en los que se sustenta dicho proceso.

Industria 4.0[10]

Desde el punto de vista de la Ciencia de Datos, el paradigma de la Industria 4.0 se corresponden con la sensorización de todos aquellos elementos susceptibles de generar información periódica y que, tratada analíticamente, puede aportar valor añadido al negocio.

Esta sensorización, no necesariamente se puede implementar en grandes empresas con complejas plantas de producción, que suele ser lo primero que nos viene a la mente cuando pensamos en Industria 4.0, sino que el acceso a estas nuevas tecnologías, también denominadas como Internet de las Cosas —IoT[11]—, está disponible para todo tipo de negocios.

Imaginemos, por ejemplo, que una pequeña tienda de ropa guarda en una base de datos toda la información relacionada con los correspondientes tickets de compra, en los que quedan registrados la hora de la transacción, los productos vendidos y las cantidades cobradas, el vendedor, etc.. Evidentemente, esto sería lo habitual, pero también puede registrar

---

[10] Es una expresión que denomina una hipotética cuarta mega etapa de la evolución técnico-económica de la humanidad, contando a partir de la Primera Revolución Industrial.

[11] Internet Of Things.

los datos procedentes del arco de seguridad que tiene instalado en la entrada de la tienda, obteniendo información de la secuencia con la que entran y salen los clientes de la misma. Y si además tuviese instaladas cámaras de video, también podría, sin guardar las imágenes y, por tanto, manteniendo la privacidad de los clientes, conocer, por medio de modelos de Machine Learning, la edad, el sexo y las emociones que transmite su rostro cuando entra y sale de la tienda.

Pues bien, toda esta información, debidamente transformada en datos susceptibles de ser aplicada ciencia a los mismos, están convirtiendo a una tienda de ropa normal en Industria 4.0, puesto que obtiene un valor añadido al tratar analíticamente la información que proporcionan los sensores de IoT instalados. Que en este caso han sido el arco de la entrada y la cámara de video.

Consecuentemente, se puede deducir que cuando se realiza una inversión en sensorizar cualquier fuente de información, se estaría desarrollando una acción que nos encaminaría hacia la Industria 4.0, independientemente del tamaño, tipo de empresa o sector de actividad en la que dicha sensorización se esté llevando a cabo.

ETL Process

Todo modelo Supervisado está formado por dos conjuntos de datos. De un lado están las las Tablas Minables, que son tablas de datos estructurados, a modo de matriz, en filas y columnas y ,de otro lado, están las Variables Dependientes, o etiquetado, que se corresponden con las variables a predecir, formadas éstas por un vector de datos. Mientras que los modelos No-Supervisados, están formados únicamente por Variables Independientes o Tablas Minables, prescindiendo de este modo del etiquetado.

Tras esta introducción, definiremos este paradigma como el proceso de:

- **Extracción** de los datos, a partir de las fuentes iniciales.

- **Transformación** de los datos extraídos en Tablas Minables y Vectores etiquetados.

- **Carga** de los datos transformados en un repositorio intermedio, con el fin de ser los inputs que alimenten los modelos de Machine Learning.

Si bien son pasos que, debido a su denominación, son suficientemente explícitos como para no ser necesaria una mayor explicación, si será conveniente, como veremos más adelante, hacer hincapié en el hecho de que se trata de un paradigma que requiere del uso de **lenguajes de programación** [12]específicos para la extracción de datos y de librerías de Machine Learning, diseñadas expresamente para la transformación de información, no estructurada, en datos con utilidad analítica.

Data Science (Analytics)

Este paradigma, correspondiente a la fase analítica del proceso de Big Data Analytics, que en una interpretación más de

---

[12] Siendo el más habitual **Python**.

tipo descriptivo, viene a ser la **aplicación de ciencia a los datos**, habitualmente por medio de la aplicación de materias relacionadas con las Matemáticas. Siendo la Estadística, junto con la Programación Lineal, uno de sus desarrollos fundamentales.

Si bien es un paradigma que requiere de un conocimiento profundo de la aplicación de las Matemáticas, y especialmente de la aplicación de la Estadística, éste ha de ser combinado con una visión analítica capaz de comprender las necesidades, relativas a la Toma de Decisiones, que demanda el sujeto[13] analizado. Lo cual evidencia el valor añadido que aporta la Ciencia de Datos dentro del proceso de Transformación Digital.

Business Intelligence

Se trata de un paradigma orientado a la visualización de los datos, al objeto de facilitar y mejorar el proceso de Toma de Decisiones.

Dentro del proceso del Big Data Analytics, el BI es la fase que realiza la transformación de los datos, procedentes de los outputs de un Modelos de Machine Learning, en información visual presentada a través de Cuadros de Mando. Siendo el paradigma que conecta la modelización con las necesidades de los proceso de Toma de Decisiones, que realizan los directivos y técnicos de la compañía.

---

[13] Son las propuestas de modelización que demandan las distintas áreas de actividad que conforma la empresa.

Big Data

Se suele utilizar este paradigma con un significado amplio, el cual abarcaría todo lo que se realiza en un proceso de Big Data Analytics. No obstante, lo anterior, y siendo rigurosos, esta fase, denominada Big Data, se corresponde con la implementación de las tecnologías necesarias para distribuir el cómputo en un sistema de computadoras trabajando en paralelo, también denominado como clúster.

La gestión de estos clústeres, se suele lleva a cabo mediante la implementación de dos tecnologías concretas:

- **Apache Hadoop**[14]: que permite gestionar la interconexión entre los nodos o instancias[15].

- **Apache Spark**[16]: tecnología que se implementa para distribuir el cómputo entre los nodos, como consecuencia del uso de librerías[17] de Machine Learning.

En todo caso, conviene aclarar que; no tiene sentido invertir en este tipo de tecnologías, a no ser que sea necesaria la implementación de un clúster para reducir el tiempo de cómputo o latencia. Consecuentemente, se trata de un para-

---

[14] https://hadoop.apache.org/

[15] Computadoras virtuales.

[16] https://spark.apache.org/

[17] Conjunto de **módulos funcionales**, codificados en un lenguaje de programación, en este caso **Python**, que permiten realizar los cálculos necesarios par el pre-procesado de datos y posterior modelización de los mismos.

digma que no necesariamente se ha de desarrollar en un proceso de Big Data Analytics, salvo que esté realmente justificado su uso.

EL CAMBIO DE PARADIGMA EN LA INDUS-TRIA 4.0

En el apartado anterior se han desarrollado los paradigmas que intervienen en un proceso de Big Data Analytics, vinculados éstos a una visión operativa del proceso. Pero existe un paradigma, o mejor dicho un cambio de paradigma global, que afecta a los procesos de Transformación Digital.

Previo a la Transformación Digital de una empresa, existen procesos de Toma de Decisiones, en base al diseño de Cuadros de Mando, que muestran gráficos o indicadores alimentados por medio de series históricas de datos. Esto implica que los procesos de Toma de Decisiones se realizan una vez se ha producido el evento y, por tanto, son decisiones tomadas **a posteriori**. Teniendo como consecuencia que las medidas que se toman, son de tipo correctoras. Lo que implica que se suele cargar la responsabilidad del resultado no esperado en terceras personas, no asumiéndose así una responsabilidad directa en lo sucedido por parte del responsable del área monitorizada.

Mientras que, en el caso de una empresa que ha llevado a cabo una Transformación Digital, basada en la implementación de tecnologías Big Data y modelos de Machine Learning, los Cuadros de Mando para la Toma de Decisiones son alimentados por los outputs de un modelo, es decir, por información analítica. Provocando, de este modo, que las decisiones a tomar sean **a priori**. Lo que tiene como consecuencia que sean decisiones anticipadas al evento no deseado y, por tanto, de carácter preventivo[18]. Siendo, en algunos casos, también decisiones de carácter proactivo[19]. En consecuencia, el riesgo que que se asume por tomar una decisión se corresponderá con el error de precisión del modelo.

Esto evidencia un claro cambio de paradigma, puesto que los directivos y técnicos que toman las decisiones, si lo hacen en base a información que no ha pasado por un proceso de Big Data Analytics, pueden descargar la la responsabilidad en terceros, tomando las correspondientes medidas correctoras. Mientras que esos mismos directivos y técnicos, que ahora toman las decisiones en base a los outputs de un modelo de Machine Learning, podrán anticiparse a los eventos e incluso ser proactivos, pero eso sí, asumiendo ellos el error del modelo como riesgo propio.

"Es evidente que este Cambio de Paradigma tiene unas consecuencias que provocará un cambio muy significativo en los estilos de liderazgo de las organizaciones, tanto a nivel directivo como en la gestión de su operativa interna. De este modo, tras la Transformación Digital, entendida desde la mo-

---

[18] Por ejemplo, sería una acción preventiva: ajustar el stocks a la demanda esperada, en base a un modelo de Predicción de la Demanda.

[19] Por ejemplo, sería una acción proactiva: ofrecer un crédito en la web de un cliente, en base a un modelo de Scoring que fija su capacidad de pago en función de un nivel de riesgo prefijado por la entidad.

delización, se creará una dinámica de grupo más centrada en habilidades relacionadas con las gestión del conocimiento, adquiriendo más interés la anticipación y proactividad que las decisiones basadas en acción-reacción, más propias de una estructura de gestión piramidal".

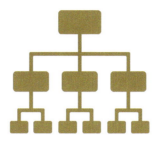

WORKING-TEAM

BIG DATA ANALYTICS TEAM

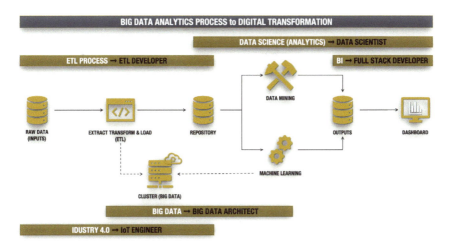

BIG DATA ANALYTICS PROCESS to DIGITAL TRANSFORMATION

DATA SCIENCE (ANALYTICS) → DATA SCIENTIST

ETL PROCESS → ETL DEVELOPER

BI → FULL STACK DEVELOPER

DATA MINING

RAW DATA (INPUTS)　　EXTRACT TRANSFORM & LOAD (ETL)　　REPOSITORY　　OUTPUTS　　DASHBOARD

MACHINE LEARNING

CLUSTER (BIG DATA)

BIG DATA → BIG DATA ARCHITECT

IDUSTRY 4.0 → IoT ENGINEER

PERFILES PROFESIONALES (BIG DATA ANALYTICS). Asignación de perfiles profesionales, para el desarrollo de un proceso de Big Data Analytics, tomando como base los paradigmas en los que éste se sustenta.

Es recomendable, al conformar un equipo de trabajo que desarrolle procesos de Big Data Analytics, que las tareas que se asignen a cada miembro del equipo estén vinculadas a un objetivo relacionado con la Toma de Decisiones. Esto quiere decir, que se ha de definir el flujo de trabajo desde el Cuadro de Mando, que muestra la información analítica, hacia las fuente de datos inicial, y no al revés, desde la fuente de datos inicial hacia la Toma de Decisiones. De este modo, no se realizarán trabajos, principalmente de ETL (Extracción, Transformación y Carga de datos), en los que se generen tablas de datos que no tengan después una utilidad analítica. Dicho de otro modo, el flujo de trabajo, y sus recursos humanos asignados, han de estar orientados desde el inicio hacia las necesidades de información analítica que tiene la empresa, o más concretamente sus departamentos o áreas de actividad.

Atendiendo a este criterio expuesto en el párrafo anterior, se definirán los perfiles profesionales que están vinculados a los paradigmas que intervienen en un proceso de Big Data Analytics, los cuales presentaremos en orden inverso al flujo de datos. Comenzando por los Científicos de Datos, que son los que asumen el liderazgo de estos procesos.

DATA SCIENCE (ANALYTICS) → Data Scientist

Si para liderar un proyecto se han tener en cuenta las fases de Planificación, Organización, Dirección y Control. Este liderazgo, al menos desde un punto de vista conceptual, ha de ser asumido por un Científico de Datos, también denominado Data Scientist, en inglés.

Nos referiremos a la parte conceptual, ya que en algunos diseños de la organización de proyectos, si éste es complejo desde un punto de vista operativo, el liderazgo puede ser compartido con otra figura, como pueda ser un Project Manager, que se encargaría de funciones más relacionadas con la gestión administrativa del mismo.

Liderazgo

Hecha esta salvedad, y como paso previo al desarrollo del perfil, veamos la relación que un Científico de Datos tiene con las fases de liderazgo de proyectos.

- **Planificación**: en esta fase se deben definir los objetivos de la modelización, conjuntamente con los directivos y técnicos de los los departamentos de la empresa, lo que implica que se han de mostrar dotes de comunicación y un sentido de la conciliación de posturas divergentes, al objeto de evitar resistencias al cambio o suspicacias.

- **Organización**: en esta fase ha de organizar el equipo de trabajo siguiendo el flujo de los datos, tal y como se entiende en un proceso de Big Data Analytics. Realizando las siguientes funciones:

  (i) Indicará cuál ha de ser la configuración de las Tablas Minables para que los desarrolladores de ETL las generen, atendiendo, al mismo tiempo, a una buena comunicación con los responsables de informática o sistemas de la compañía.

  (ii) Definirá cuales han de ser las salidas del Cuadro de Mando, para que los responsables del diseño del mismo lo adapten a los objetivos perseguidos.

  (iii) Diseñará, conjuntamente con los Arquitectos de Datos, los flujos de Big Data, en caso de ser necesarios.

- **Dirección**: aquí es donde el Científico de Datos ha de aplicar sus conocimientos en matemáticas y estadística, fundamentalmente. Llevando a cabo las siguientes tareas:

  (i) Analizando la factibilidad de los modelos, llevando a cabo un minado de datos a través de una muestra representativa de los mismos.

(ii) Evaluando la viabilidad de los modelos de Machine Learning, lo que implica que; por la parte de los inputs al modelo, dirija la actividad de los desarrolladores de ETL; y, por el lado de los outputs del modelo, coordine la actividad de los responsables del Business Intelligence (BI), que diseñan los cuadros de mando.

(iii) Relativo a las tecnologías Big Data, en coordinación con los Arquitectos de datos, dirigirá la gestión de los clústeres, especialmente en lo relativo a la distribución del cómputo.

- **Control**: en este caso, mostrará la diligencia debida para cumplir con los plazos de ejecución, precisión de los modelos y latencia exigida.

Como vemos, asumir este liderazgo es una de las habilidades más importantes que tiene que tener un Científico de Datos. Puesto que la asunción de este liderazgo requiere hacer un gran esfuerzo conceptual para trasladar los objetivos, en abstracto, que plantea la empresa, al desarrollo matemático o estadístico que da solución a los mismos. Integrando una serie de aspectos técnicos que, al menos conceptualmente, debe dominar.

Formación

Este tipo de perfiles suelen tener dos tipos de formación, en algunos casos, de base y en otros, más tecnológica.

- **Formación de Base**: lo habitual suele ser tener una formación en carreras STEM[20]. Se trata de carreras con una importante formación en matemáticas y estadística, fundamentalmente.

- **Formación Tecnológica**: esta formación se suele adquirir a través de másteres especializados en Inteligencia Artificial (AI), Big Data Analytics, Data Science, o similares. Cuyo objetivo es adquirir conocimiento, principalmente en el manejo de las librerías de modelización en Machine Learning, y de modo secundario, en materias relacionadas con el desarrollo de procesos de ETL, BI y Big Data, entre otros.

Pero hay que hacer aquí una apreciación muy importante. Si los másteres en los que se da la formación tecnológica incluyen a su vez un módulo significativo para formar a los alumnos en matemáticas y estadística, en este caso la formación de base puede ser cualquier carrera. Tomemos por ejemplo una persona formada en Medicina, la cual por medio de una máster puede adquirir la suficiente formación para especializarse en modelización bio-médica, haciendo, por ejemplo, modelos de Machine Learning para la clasificación del cáncer {0, 1}, 0, no lo tiene; 1, si lo tiene. O, llevándolo un poco más al extremo, imaginemos que un abogado se forma como Científico de Datos, y se dedica a realizar modelos No-Supervisados para buscar jurisprudencia, con patrones afines, de entre miles o millones de documentos.

---

[20] Science, Tecnology, Engineering & Mathematics.

En definitiva, se podría afirmar que puede haber Científicos de Datos con un perfil generalista —aquellos con formación de base STEM—. Y los No-STEM, que son los que desarrollan su carrera como Científicos de Datos dentro del campo específico de su formación de origen.

En mi caso particular, tengo como formación de base una carrera STEM, con Master en Big Data Analytics y MSc in Finance, por lo cual gracias a este último máster, incorporo a mi formación en Ciencia de Datos una visión analítica-financiera muy útil para diseñar e implementar procesos de Transformación Digital de empresas.

Ciencia de Datos

A nivel general, un científico de datos debe tener conocimientos avanzados en la implementación, mediante lenguajes de programación, generalmente a través de **Python**[21], de librerías para el pre-procesado de datos, su modelización y visualización de los resultados obtenidos. Desarrollando, con esta base, los paradigmas que integran un proceso de Big Data Analytics, que son:

- **ETL process**: si bien el Científico de Datos, tal y como se ha mencionado anteriormente, debe conocer las **librerías**

---

[21] https://www.python.org/

Se trata de un lenguaje de programación multiparadigma, ya que soporta orientación a objetos, programación imperativa y, en menor medida, programación funcional.

de pre-procesado[22], como por ejemplo la que posee a tal efecto **Scikit-Learn**, su misión fundamental en este ámbito sería la del diseño y coordinación del desarrollo de los procesos de ETL.

- **Data Mining**: en este caso, en el que se analiza la factibilidad de los modelos, éste debe dominar herramientas para el minado de datos. De las que podríamos destacar, entre otras muchas que hay en el mercado, **R-studio**[23], en la cual se implementan la librerías mediante código, u, **Orange Canvas**[24], que tiene una interfaz que permite realizar el análisis mediante flujos de widgets interconectados, lo que la hace más intuitiva.

- **Machine Learning**: esta fase es el corazón de los procesos de Big Data Analytics, pues de su resultado favorable depende la viabilidad del proyecto. En este caso se deben dominar las librerías de modelización, en dos ámbitos:

  (i) Cuando no se hace necesario distribuir el cómputo para obtener latencias o tiempos de procesado bajos. Implementando en este caso librerías del tipo **Scikit-Learn**[25].

---

[22] https://scikit-learn.org/stable/modules/preprocessing.html

[23] https://rstudio.com/

[24] https://orange.biolab.si/

[25] https://scikit-learn.org/stable/

(ii) Cuando sí que sea necesario obtener latencias o tiempos de procesado bajos, Implementando, en tal caso, librerías de tipo **Tensor-Flow**[26], que permiten distribuir el cómputo en la memoria gráfica de las computadoras, denominada GPU.

- **Business Intelligence**: en este caso, no necesariamente debe saber desarrollar cuadros de mando, pero si sería recomendable que tuviese algunos conocimientos relativos a librerías de visualización, tipo **Bokeh**[27], por ejemplo. Y, por otra parte, aunque este sería mi caso particular, es recomendable que tengan conocimientos de análisis financiero y organización de empresas, sobre todo para facilitar la traslación de los objetivos e ideas, en abstracto, de los directivos a modelos concretos.

- **Big Data**: cuando se dé el supuesto de tener que distribuir el cómputo, el científico de datos deberá saber definir cuales son las necesidades de cómputo, en relación a la latencia exigida, para, posteriormente, en coordinación con los Arquitectos de Datos, configurar las respectivas tecnologías Big Data. Apache Hadoop, para la gestión de los nodos del clúster y, Apache Spark, para la distribución del cómputo entre los nodos del clúster.

- **IoT**: muchas empresas u organizaciones tienden a sensorizar su actividad, tanto propia como del entorno, lo que

---

[26] https://www.tensorflow.org/

[27] https://bokeh.org/

implica que el Científico de Datos debe saber coordinar a estos profesionales. Fundamentalmente para que generen datos en formatos con utilidad analítica, como pueden ser, por ejemplo, **JSON**, **XML**, etc., o directamente **Tablas Minables**, en la medida de los posible.

Creatividad

Se tiende a pensar que un Científico de Datos es un técnico en sentido estricto, pero nada más lejos de la realidad. Hemos de tener en cuenta que dentro de los datos existen patrones que permiten, una vez aplicada la matemática, obtener un resultado del que se infiere la Toma de Decisiones. Esto hace que dependa de la habilidad o inspiración del Científico de Datos el encontrar dichos patrones, ya que un mismo set de datos arrojará un resultado distinto dependiendo del Científico de Datos que realice la modelización. Este comportamiento es similar al que se produce con un escultor respecto de un bloque de piedra, que dependiendo del escultor que tenga que realizar la obra, el resultado sería completamente distinto.

Finalmente, éste deberá comprender los objetivos o ideas, que suelen ser presentadas de forma más o menos abstracta por parte de los responsables de la empresa, y trasladar éstas a un modelo de Machine Learning, lo que requiere de una serie de habilidades cognitivas, que están mucho más cerca de la creatividad que de la técnica.

"Podemos concluir diciendo que: un Científico de Datos, necesariamente ha de saber conectar ideas abstractas con modelos matemáticos a través de las tecnologías relacionadas con el Machine Learning y el Big Data, haciendo, a la vez, uso de cierta creatividad y dotes de comunicación. Hay que tener en cuenta que no sólo él debe realizar esta conexión, si no que ha de hacerla también extensiva y comprensible a todo el equipo involucrado en el proceso".

BUSINESS INTELLIGENCE → Full-Stack Developer

Los procesos de Big Data Analytics integran el paradigma de Business Intelligence. No obstante, también se puede hablar de una complementariedad entre ellos, ya que no son excluyentes. Por otra parte, ya se ha comentado con anterioridad, cómo se produce un cambio de paradigma cuando los cuadros de mando son alimentados por datos procedentes de un modelo de Machine Learning. Lo que implica que los usuarios de dichos cuadros de mando, una vez ha sido incorporada la modelización, tomen las decisiones **a posteriori**, convirtiendo éstas en acciones preventivas o proactivas, en vez de en acciones correctivas.

Pues bien, esto nos lleva a entender la importancia que tiene el diseño de los cuadros de mando a la hora de transformar datos, con carácter analítico, en información visual que permita dicha Toma de Decisiones. De ahí la importancia que adquiere el diseño y mantenimiento de los cuadros de mando, siendo fundamental, en un proceso de Big Data Analytics, la figura de un **desarrollador Full-Stack**[28] para hacerse responsable de este cometido.

Formación

La formación de este tipo de perfiles suele adquirirse mediante cursos intensivos, denominados **Bootcamp**, dirigidos a cualquier persona que, sin experiencia previa, puede adquirir todos los conocimientos necesarios para dedicarse profesionalmente al desarrollo de páginas web completas, tanto Front-end[29] como Back-end[30].

Funciones de desarrollo

Un desarrollador Full-Stack es el encargado de manejar cada uno de los aspectos relacionados con la creación y el mantenimiento de un Cuadro de Mando. Para ello es fundamental que tenga conocimientos en desarrollo Front-end y Back-end. Además de manejar diferentes sistemas operativos y lenguajes de programación. Dicho de otro modo, se corresponde con un profesional fundamental en el diseño y programación de los cuadros de mando, sobretodo cuando és-

———————————

[28] Desarrollador tanto Front-end como de Back-end.

[29] Consiste en la conversión de datos en una interfaz gráfica para que el usuario pueda ver e interactuar con la información de forma digital.

[30] Parte de un sistema informático o una aplicación a la que el usuario no accede directamente, normalmente responsable de almacenar y manipular los datos.

tos son aplicaciones web basadas en principios del diseño UX/UI[31].

Cabe destacar que un Cuadro de Mando, de un proceso de Big Data Analytics, necesita de un desarrollo web para su puesta en funcionamiento. Siendo **JavaScript** uno de los lenguajes de programación más utilizado en la actualidad para este cometido. En resumen, es el responsable del diseño de la interfaz de usuario que conforma un Cuadro de Mando. Definiendo su **forma, función y utilidad**. Atendiendo también a **criterios de ergonomía**[32], imagen de marca y otros aspectos que afectan a la apariencia externa de las interfaces de usuario de los cuadros de mando.

Por tanto, el desarrollador web Full-Stack es el perfil que se complementa perfectamente con el Científico de Datos, que es quien le da las pautas y le marca los objetivos a alcanzar, al objeto de que los directivos y técnicos mejoren su proceso de Toma de Decisiones, a través de la interfaz de los cuadros de mando que muestran información analítica.

Funciones de Integración & Comunicación

Es uno de los profesionales clave en la integración y comunicación entre los la empresa y el equipo de Big Data Analytics.

---

[31] https://es.wikipedia.org/wiki/Diseño_de_interfaz_de_usuario

[32] Disciplina que se encarga del diseño de lugares de trabajo, herramientas y tareas, de modo que coincidan con las características fisiológicas, anatómicas, psicológicas y las capacidades de los trabajadores que se verán involucrados.

Tengamos en cuenta, que las salidas de un modelo de Machine Learning, las cuales alimentan los cuadros de mando, son vectores o matrices de datos. Mientras que lo que los responsables de los departamentos esperan, para tomar decisiones, es información visual, generalmente en forma de gráficos, o indicadores y habitualmente representando objetos dinámicos. De ahí la necesidad de un profesional Full-Stack que desarrolle las siguientes habilidades:

- **Integración**: es fundamental que los outputs de los modelos queden integrados en la interfaz del Cuadro de Mando, para que estos cumplan con los objetivos fijados por los departamentos en la fase inicial y con los criterios marcados por el Científico de Datos.

- **Comunicación**: debe desarrollar habilidades de comunicación, puesto que ha de comprender el propósito marcado por el Científico de Datos, a la hora de diseñar y programar la interfaz del Cuadro de Mando y, por otra parte, debe transmitir, con ciertas habilidades pedagógicas, como se ha de interpretar y gestionar la información contenida en el Cuadro de Mando, transmitiendo de este modo a los usuarios los criterios científicos implícitos en dicha información.

"Cabría resaltar, por otra parte, que se puede dar el caso de que las funciones de este perfil profesional queden integradas en herramientas de Business

Intelligence específicas, como por ejemplo Power BI[33], de Microsoft, lo cual no es óbice para que se tengan que diseñar, de igual modo, los cuadros de mando dentro de la plataforma".

BIG DATA → Big Data Architect

Un arquitecto de tecnologías Big Data, denominado en inglés como Big Data Architect, tiene la capacidad de diseñar sistemas de procesamiento de datos a gran escala, mediante la integración de diferentes tecnologías Big Data. Siendo el responsable, dentro de un proceso de Big Data Analytics, de la implementación de Data Pipelines[34] y Clústeres de cómputo, cuando sea necesario gestionar los flujos de datos o reducir la latencia, respectivamente.

Formación

Lo habitual, en la formación de este perfil, es tener como base la Ingeniería Informática o bien haberse formado en una carrera STEM. De todos modos, como suele ocurrir con el manejo de las nuevas tecnologías, cualquier persona puede ser autodidacta, especializándose en la gestión de una tecnología determinada para una aplicación concreta. Por lo que, en todo caso, la formación en este tipo de perfiles debe estar orientada a la implementación de las tecnologías Big

---

[33] https://powerbi.microsoft.com/

[34] Es un sistema que permite trasladar datos en un flujo continuo, siendo muy útil para los procesos que necesitan una actualización constante de los datos de partida.

Data en un proceso de Big Data Analytics. Tecnologías que, por otra parte, de ser necesario, se implementan en las siguientes fases:

- **ETL process**: en esta fase, se implementarán las tecnologías Big Data cuando sea necesario reducir la latencia[35], debido al volumen de datos a procesar, o cuando se requiera de una gran demanda de cómputo para la transformación de los mismos. Pudiendo ser también necesarias para la gestión de flujos de datos mediante *pipelines*.

- **Machine Learning**: cuando se trata de la fase de modelización, se implementarán las tecnologías Big Data para reducir la latencia, cuando las necesidades de cómputo crezcan exponencialmente, independientemente de que se trate de un crecimiento puntual, o no.

Lo que lleva a la necesidad de que este perfil tenga, al menos, la formación necesaria para cumplir con estos dos supuestos.

Con la pretensión de profundizar en estas necesidades de formación, pasaremos a desarrollar en los dos apartados siguientes, cuáles son las Plataformas y los Servicios que debe dominar un Arquitecto de tecnologías Big Data para cumplir con su cometido. Entenderemos, por otra parte, que la implementación de los Servicios se hará por medio de Plataformas en la nube. Dejando a la consideración del lector, la

---

[35] Tiempo de respuesta máxima que se le exige a un modelos para dar el resultado.

extrapolación de los conceptos en el caso de implementar estas tecnologías en infraestructura física, si este fuese el caso.

Plataformas

Las plataformas más comúnmente utilizadas por los Arquitectos de tecnologías Big Data son:

- Amazon Web Services (AWS)[36].

- Microsoft Azure[37].

- Google Cloud[38].

Estas plataformas cuentan con una gran cantidad de servicios y de características incluidas en ellas. Disponiendo de tecnologías de infraestructura de cómputo, almacenamiento y bases de datos, así como de tecnologías de aprendizaje automático e inteligencia artificial, lagos de datos, análisis e internet de las cosas.

Dada esta aproximación a las plataformas en la nube, se ha de hacer hincapié en que, para llevar a cabo un proceso de Big Data Analytics, no es necesario dominar todos los servicios que ofrecen las plataformas. Si no aquellos que tienen que ver con las fases en las que se han de implementar servicios de cómputo para reducir la latencia, o cuando sea ne-

---

[36] https://aws.amazon.com/

[37] https://azure.microsoft.com/

[38] https://cloud.google.com/

cesario gestionar flujos de datos mediante la implementación de *pipelines.* Extendiéndose también a servicios de almacenamiento en la nube, si se diera el caso.

Procesamiento

Dado un procesamiento de datos, bien sea en la fase de ETL o como apoyo a la modelización, se suelen implementar en la mayoría de los casos, servicios de pipeline, procesamiento de datos en tiempo real o por lotes y servicios para la implementación de clústeres, al objeto de reducir la latencia o tiempo de cómputo. Por tanto, atendiendo a las plataformas enumeradas en el párrafo anterior, presentaremos los servicios que permiten llevar a cabo estos tres supuestos de los que disponen sendas plataformas:

- AWS: los servicios de esta plataforma que se suelen utilizar en los procesos de ETL y modelización en Machine Learning son;

    - Data Pipeline, que permite la configuración de flujos de datos.

    - Kinesis, para la gestión de flujos de datos en tiempo real mediante colas.

- Y, **Elastic Map Reduce**[39], realizando la gestión de los clústeres por medio de Apache Hadoop y la correspondiente distribución del cómputo a los nodos, a través de Apache Spark.

- **Microsoft Azure**: en el caso de trabajar con esta plataforma los servicios son;

  - **Stream Analytics**, que permite la gestión de flujos de datos en tiempo real.

  - Y, **HDInsight**, marco para la clusterización con Apache Hadoop, Spark y Kafka.

- **Google Cloud**: mientras que los servicios que ofrece esta plataforma son, fundamentalmente;

  - **Dataflow**, que realiza procesamientos de datos en streaming y por lotes.

  - Y, **Dataproc**, para crear clústeres totalmente gestionados con Apache Hadoop y Apache Spark.

Cómo podemos apreciar, las tres plataformas ofrecen servicios similares para la misma casuística[40], dependiendo de las

---

[39] **EMR:**
https://aws.amazon.com/es/emr/

Tecnología Big Data para la interconexión de los nodos del clúster, **Apache Hadoop:** https://hadoop.apache.org/

Tecnología Big Data para la distribución del cómputo entre los nodos del clúster, **Apache Spark:** https://spark.apache.org/

[40] Consideración de los diversos casos particulares que se pueden prever en determinada materia.

exigencias del proyecto el que se utilice una u otra. Siendo lo más importante, dentro del caso que nos ocupa, que estos profesionales entiendan cuales son los objetivos a los que deben orientar la implementación de estas tecnologías.

Almacenamiento

Todo procesamiento de datos, recibe inputs y genera outputs, por lo que se hace necesario que estos perfiles también dominen aquellos servicios que permiten el almacenamiento de dichos datos dentro de las plataformas propuestas:

- **AWS**: los servicios más habituales para el almacenamiento de datos por medio de esta plataforma son **Dinamo DB, Redshift** o **S3**.

- **Microsoft Azure**: esta plataforma ofrece los servicios de almacenamiento a través de **SQL Data Warehouse** o **Data Lake Store**.

- **Google Cloud**: los servicios que ofrece esta plataforma son **Bigtable, Datastore** o **BigQuery**.

De este modo, se ven complementados los servicios que se necesitan para el procesamiento.

"Un Arquitecto de tecnologías Big Data que tenga una formación en estos servicios, relativos al procesamiento y almacenamiento de grandes volúmenes de datos, estaría capacitado para diseñar flujos de Big Data, permitiendo, en consecuencia, dar soporte en estas tecnologías a un proceso de Big Data Analytics".

ETL PROCESS → ETL Developer

Los ETL Developers son los perfiles adecuados para el desarrollo de procesos de ETL, los cuales deberán tener una visión conceptual, en dos ámbitos fundamentales:

- El primero, tiene que ver con el conocimiento de la **estructura de las fuentes e información**.

- Mientras que el segundo, y no por ello menos importante, tiene que ver con la **estructura de los datos para la modelización**. De tal manera que éstos estén orientados a las necesidades de la modelización, lo que evitará, cómo se ha expuesto en la introducción de este capítulo, que se realicen procesos de ETL que den como resultado sets de datos sin una utilidad analítica.

Formación

La formación de un ETL Developer suele ser muy heterogénea, ya que se requieren de unos conocimientos en el dominio de herramientas y lenguajes de programación muy específicos y cierto conocimiento de los procesos de modelización. Destacando dos grupos de perfiles:

- **Ingenieros Informáticos**: destacan por sus sólidos conocimientos sobre las estructuras heterogéneas en las que la información inicial es presentada, y en el dominio de los lenguajes de programación y herramientas que permiten la extracción y transformación de los datos de las fuentes iniciales.

- **Autodidactas**: suelen ser personas con formación en otras disciplinas, distintas de la anterior, con cierto carácter técnico, que han aprendido a manejar con soltura herramientas o lenguajes de programación. Normalmente en un área de especialización concreta.

Los primeros, tienen un conocimiento más técnico de lo que es un proceso de ETL, lo que implica que se pueden adaptar a todo tipo de procesos y sectores de actividad. Mientras que los autodidactas, si bien sus conocimientos están más vinculados a una especialidad, tienen, por contrapartida, una visión más profunda de las necesidades de la modelización, en su campo de especialización.

Conocimientos

Siguiendo con este hilo de argumentación, los conocimientos que ha de tener un desarrollador de procesos de ETL se han de situar en dos ámbitos.

El primero, se corresponde con la **estructura de las fuentes de información**, y se puede clasificar del siguiente modo:

- **Tipología de las Fuentes de datos**: debe conocer el modo de extracción de datos atendiendo a la tipología de las fuentes. Bien se trate de Bases de Datos, tanto SQL como No-SQL, ERPs[41], Internet de las Cosas (IoT) o Internet, entre otras que se puedan considerar.

---

[41] Arquitectura de software que facilita el flujo de información entre las funciones de manufactura, logística, finanzas y recursos humanos de una empresa.

- **Tipología de la Información**: en este caso, ha de dominar las técnicas de Transformación, partiendo de diferentes estructuras heterogéneas de datos. Como puedan ser Videos, Imágenes, Frecuencias, Biológicas, Biomecánicas, Redes, etc. Y también, según los formatos de texto en los que esta información se pueda presentar, por ejemplo, XML, DSON, JSOM, HTML,…

Mientras que el segundo, está relacionado con los conceptos que tienen que ver con la **estructura de los datos para la modelización**. Los cuales son:

- **Tipología de la Modelización**: ha de entender a qué tipología de modelización ha de orientar su trabajo, teniendo en cuenta si se trata de un modelo Supervisado, No-Supervisado, Grafo, etc.

- **Concepto de Tabla Minable**: teniendo en cuenta que los modelos requieren tablas de datos estructuradas a modo de filas y columnas, el desarrollador de ETL deberá conocer cómo se han de estructurar los datos dentro de estas Tablas Minables, según se trate de una predicción, una clasificación, una reducción dimensional, etc. Lo que traerá como consecuencia que en las fases de Data Mining y Machine Learning se disponga de las Xs de los modelos adecuadas para llevar a cabo estos procesos.

- **Etiquetado de los modelos Supervisados**: en estos casos, en los que el etiquetado de un modelo se corresponden con el objetivo perseguido por la modelización, es decir, las Ys de los modelos, deberán conocer cuál ha de ser la transformación que han de tener las etiquetas correspondientes, al objeto de que los resultados del modelo estén orientados a los objetivos marcados.

Lenguajes de Programación

Un desarrollador de ETL debe dominar al menos un lenguaje de programación, que habitualmente suele ser **Python**. No obstante, este es un lenguaje de código abierto que tiene infinitas posibilidades de programación. Sin embargo, para desarrollar procesos de ETL, como mínimo será necesario dominar aquella parte del código relativo a la extracción de la información de las respectivas fuentes iniciales y, por otra parte, deberá dominar aquel código, que relacionado con la Transformación de los datos, permita generar las Tablas Minables para la modelización.

Las características de las librerías, necesarias para extraer la información de las fuentes, dependen de la tipología de las fuentes de datos y de la tipología de la información que registran dichas fuentes. Sin embargo, cabe resaltar el hecho de que todas las empresas desarrolladoras de estos productos o plataformas ya disponen del código necesario para la extracción de la información. Lo que implica, que se puede acceder a las librerías específicas que permitan dar una solución a cada caso que se presente.

Las librerías de transformación, tienen un carácter más relacionado con la Ciencia de Datos, correspondiendo generalmente a módulos concretos de un una librería generalista, como es el caso de **Preprocessing** en **Scikit-Learn**.

Como conclusión, se puede afirmar que es una materia extremadamente amplia. Dando lugar, en algunos casos, a perfiles autodidactas especializados en el uso y parametrización de librerías muy concretas. Llegándose, incluso, a que el conocimiento de una única librería pueda llevar a una especialización, en un campo determinado, dentro del desarrollo de procesos de ETLs.

Herramientas

Como alternativa a la programación mediante código, existen plataformas que permiten definir flujos de trabajo que siguen el proceso de extracción, posterior transformación y, finalmente, carga de los datos en un repositorio.

Dentro de este conjunto de plataformas de ETL, se encuentra **Pentaho Data Integration**[42], en la cual nos centraremos a modo de ejemplo, por ser la más usada por los desarrolladores de ETL. Se trata de una plataforma que se fundamenta en la interconexión de widgets, o programas ejecutables, conformando de este modo un flujo de trabajo. Inicialmente el flujo está compuesto por widgets de extracción, desarrollados específicamente para cada fuente de información. Posteriormente le siguen widgets para la transformación de los datos en Tablas Minables y, por último, se suele cerrar el flujo con widgets programados para la carga de datos en los repositorios intermedios.

---

[42] https://www.hitachivantara.com/en-us/products/data-management-analytics/pentaho-data-integration.html

En definitiva, este tipo de plataformas permiten una especialización horizontal, en el desarrollo de procesos de ETL, sin la necesidad de ser un especialista en programar código. No obstante, lo anterior, los flujos de trabajo disponen de la posibilidad de incorporar widgets de Python, u otros lenguajes de programación similares, lo que supone una gran ventaja para aquellos profesionales que también dominen lenguajes de programación, convirtiéndoles en perfiles con un mayor potencial.

"Los desarrolladores de procesos de ETL, pueden formarse en el manejo de lenguajes como Python o plataformas como Pentaho, pero no existe una formación especializada para transformar datos, lo que junto al hecho de tener que complementarse con una actividad creativa, como la desarrollada por los Científicos de Datos, le da cierto carácter autodidacta, independientemente de su formación de base. Siendo los más importante para estos perfiles, su capacidad para enfrentar una librería desde cero e implementarla adecuadamente mediante el clásico método de prueba-error".

INDUSTRIA 4.0 → IoT Engineer

Los dispositivos de Internet de las Cosas (IoT) en las empresas son generadores de datos masivos, lo que implica que se hace necesario que la empresa disponga de profesionales que encuentren la forma de recopilarlos para dar sentido a toda esa información.

Es aquí donde entran los Ingenieros o especialistas en IoT, cuya función principal será la de sensorizar todo aquello que, relacionado con la actividad de la empresa, sea susceptible de generar datos.

Un perfil adecuado para llevar a cabo este propósito, sería un Ingeniero, preferentemente de las ramas electrónica, industrial o similar, que además tenga una formación complementaria que le permita definir *pipelines* de datos o gestionar el almacenaje de los mismos en los servicios o infraestructuras adecuadas. En todo caso, este profesional se podría complementar con un desarrollador de ETL para apoyarle en procesos de transformación, tratando así, en la medida de lo posible, de generar Tablas Minables directamente desde los sensores que gestiona. Por tanto será imprescindible que, además de lo relacionado con los componentes electrónicos de los sensores, tenga conocimientos de lenguajes de programación, como pueda ser **Python**, y habilidades en el manejo de servicios de Internet de las Cosas en la nube, por ejemplo **AWS IoT**, entre otros.

"Digamos que un Ingeniero de IoT, dentro de un proceso de Big Data Analytics, podría extender sus funciones propias hacia el desarrollo de ETLs, cuando se dé el caso de que la fuente de datos inicial se corresponde con una sensorización llevada a cabo por la empresa".

MANAGEMENT

DIGITAL TRANSFORMATION MANAGE-MENT

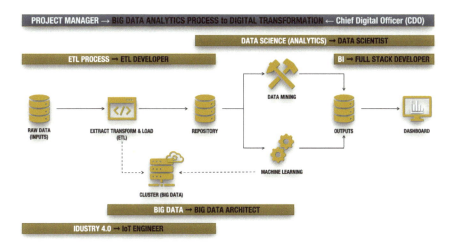

PROJECT MANAGER → BIG DATA ANALYTICS PROCESS to DIGITAL TRANSFORMATION ← Chief Digital Officer (CDO)

DATA SCIENCE (ANALYTICS) → DATA SCIENTIST

ETL PROCESS → ETL DEVELOPER

BI → FULL STACK DEVELOPER

DATA MINING

RAW DATA (INPUTS)   EXTRACT TRANSFORM & LOAD (ETL)   REPOSITORY   OUTPUTS   DASHBOARD

MACHINE LEARNING

CLUSTER (BIG DATA)

BIG DATA → BIG DATA ARCHITECT

IDUSTRY 4.0 → IoT ENGINEER

PERFILES DE GESTIÓN Y DIRECCIÓN. Gestión: Project Manager → Coordina y gestiona un proceso de Big Data Analytics. **Dirección**: Chief Digital Officer (CDO) → Coordina y Dirige todo el proceso de Transformación Digital, formado generalmente por varios proceso de Big Data Analytics.

La unidad de desarrollo mínima, es el proceso de Big Data Analytics, que suele corresponder con una única modelización, requiriendo de un responsable que lo lidere y coordine. No obstante, cuando se trata de llevar a cabo la Transformación Digital de una empresa en su conjunto, se deben integrar los equipos de trabajo de sendos procesos en un único proyecto y, por ende, bajo una misma Dirección.

BIG DATA ANALYTICS → Project Manager

La unidad que desarrolla un proceso, que permite transformar datos en in información analítica para la Toma de Decisiones, se denomina Big Data Analytics. Cuando esta unidad de desarrollo presente una complejidad significativa, en cuanto a la gestión se refiere, se hará necesaria la figura de un Project Manager que permita liberar al Científico de Datos de esas funciones.

Dependerá de cada proyecto, y de la empresa consultora responsable del mismo, el que se produzcan diferentes estilos de liderazgo, según el caso:

- **Project Manager**: en este caso, éste asume el liderazgo del proyecto. Siendo recomendable esta forma de organización, cuando coincide con un perfil de Científico de Datos, o cuando, no siendo un Científico de Datos, tenga, al menos, una visión conceptual de un proceso de Big Data Analytics y conozca bien los objetivos de la modelización.

- **Bicefalia**: en proyectos complejos se puede dividir el liderazgo entre dos perfiles. Uno con un perfil más gestor, que asumiría todas las actividades relacionadas con la asignación de recursos, tanto humanos como materiales, gestión de tiempos y relaciones con la empresa a nivel directivo. Mientras que, por otra parte, el Científico de Datos, asumiría las responsabilidades propias de la definición de objetivos, la modelización, y la coordinación del avance del proyecto, en coordinación con los ejecutivos y técnicos de los los departamentos afectados.

"La dirección y liderazgo de un proceso de Big Data Analytics, independientemente del perfil que la asuma, debe contar con unos conocimientos básicos del modo en el que se organizan este tipo de procesos, al objeto de no entrar en conflicto con la forma de estructuración y dinámica que impone la Ciencia de Datos".

DIGITAL TRANSFORMATION → CDO

Cada vez que se realiza una transformación de datos en in información analítica para la Toma de Decisiones, como se ha expuesto en el apartado anterior, estamos hablando de un proceso de Big Data Analytics único. Por el contrario, si se diese el caso de que una empresa pretende realizar procesos de Big Data Analytics para modelizar las múltiples áreas de actividad que desarrollan sus departamentos, la integración de dichos procesos unitarios en un proyecto unificado, y bajo una misma dirección, se correspondería con una Transformación Digital de la empresa, basada en la implementación de tecnologías Big Data y modelos de Machine Learning.

Esto implica, que se requerirá de una Dirección o Gerencia que permita dirigir y liderar todo el proceso de Transformación Digital. Bajo cuya dirección tendrán dependencia jerárquica los Jefes de Proyecto de sendos procesos de Big Data Analytics que hayan sido definidos dentro del Master Plan del proyecto. Siendo el perfil que se ajusta a este tipo de responsabilidades, el de un **Chief Digital Officer** —CDO—.

Éste debe ser un profesional senior con experiencia en el terreno digital, que domine conceptualmente la función de las tecnologías Big Data y los fundamentos de la Ciencia de Datos y que tenga conocimiento, desde un punto de vista analítico, de cómo funciona una empresa y cómo ésta interactúa con su entorno.

Gracias a estas habilidades, este profesional será capaz de llevar a cabo las siguientes funciones:

- **Definir el Master Plan que recoja la estrategia de Transformación Digital de la compañía.** De este modo, elaborará un Documento Director que recoja con detalle todos los procesos de Big Data Analytics a llevar a cabo, las fases en las que se divide cada uno de éstos y las tecnologías Big Data y modelos de Machine Learning a implementar, junto con el presupuesto y la recomendaciones pertinentes.

- **Liderar el proceso de Transformación Digital de la empresa.** Deberá impulsar un cambio de valores, en toda la organización, orientados hacia una **Cultura Digital**[43], a la vez que pondrá en marcha, de forma gradual, todos los procesos recogidos en el Master Plan para conseguir la Transformación Digital de la compañía.

Para cerrar este perfil, podríamos concluir que se trata de un profesional con habilidades directivas que, a su vez, tiene

---

[43] Cambio asociado con la aplicación de tecnologías digitales en todos los aspectos de la sociedad humana y, consecuentemente, también en el mundo de la empresa.

profundos conocimientos en materias relacionadas con las tecnologías Big Data y la Ciencia de Datos, a las que sería recomendable añadir otras relacionadas con la Organización y Análisis Financiero de la empresa. No olvidemos que el objetivo final de toda Transformación Digital no es otro que el de maximizar la Rentabilidad Financiera o ROE y, por ende, su Beneficio.

"Tendría cierta lógica que la progresión profesional de un Científico de Datos fuese hacia la de un CDO, dado el nivel de abstracción que ha de tener todo proceso de Transformación Digital a la hora de transformar ideas en objetivos y éstos en soluciones concretas con un base matemática y tecnológica integradas".

HACIA LA TRANSFORMA-CIÓN DIGITAL

HR ANALYTICS → TRANSFORMACIÓN DIGITAL

Generalmente, cuando las personas nos enfrentamos por primera vez a los conceptos relacionados con la Transformación Digital de una empresa, solemos tender a pensar que son materias complejas, costosas y que requieren de una alta especialización para llevarlas a cabo. Por lo que me gustaría hacer una serie de reflexiones al respecto:

- **Complejidad**; si la Transformación Digital está basada en la modelización en Machine Learning, ésta, a su vez, requiere de la Ciencia de Datos, cuyo fundamento es la aplicación la matemática —estadística, programación, lineal, teoría de grafos, etc.—.

  Pero resulta interesante mencionar, que las técnicas que engloban estas materias, son técnicas que en su gran mayoría han sido desarrolladas —en un plano teórico— decenas e incluso centenas de años atrás. Esto nos lleva a la conclusión de que las nuevas Tecnologías no son en sí una solución a un problema, sino, más bien, lo que han hecho es sacar del plano teórico las técnicas "de toda la vida" y poder darles utilidad, incluso cuando éstas hayan de procesar ingentes volúmenes de datos.

- **Coste**; el hecho de que la modelización permita tomar decisiones a priori, implica anticiparse a los acontecimientos, tomando las decisiones de modo preventivo o proactivo, en vez de realizando correcciones sobre desviaciones de previsiones, con la consiguiente pérdida efectiva.

Este cambio de paradigma, fruto de la modelización, tiene un impacto directo sobre el ROE[44] de la compañía, como consecuencia del valor añadido que le aporta la nueva forma de tomar decisiones. Lo que nos lleva la conclusión, de que la inversión en la Transformación Digital de la empresa tiene un monto relativamente bajo respecto del impacto que supone el incremento del ROE, o lo que es lo mismo, el aumento notable de su competitividad.

- **Especialización**; es evidente que cada uno de los perfiles tiene que dominar las herramientas y tecnologías que afectan a su respectivas áreas de actividad dentro del proceso de Big Data Analytics. No obstante, dicho lo anterior, la propia descomposición de dicho proceso en paradigmas provoca una división del trabajo que hace más asequible la adquisición de los conocimientos y habilidades necesarias para desarrollarlos. Lo que implica, que el mercado dispone, sin mucha dificultad, de este tipo de profesionales.

---

[44] **Return On Equity**; en español se corresponde con la Rentabilidad Financiera de una empresa, la cual se define como el ratito entre el Beneficio Neto y el Patrimonio Neto.

"En base a lo expuesto hasta ahora, creo que se puede tener una visión de la Transformación Digital, salvando, evidentemente, cada caso concreto, mucho más factible de lo que podría parecer en un principio.

Respecto a los perfiles profesionales, solamente cabría hacer la salvedad, de que, en el caso particular de los Científicos de Datos, éstos requieren de una habilidad, cercana a lo que podríamos denominar como creatividad[45], y que, por tanto, depende de la experiencia, y de cada persona en particular, el que ésta pueda aportar dicho conocimiento, el cual no está tan relacionado con la formación como lo podría estar en el caso del resto de perfiles.

---

[45] Recordemos, que el mismo set de datos procesado por dos modelos de Machine Learning, que han sido parametrizados por dos Científicos de Datos distintos, suelen arrojar diferentes resultados. Por lo que el resultado, dependerá de la habilidad y creatividad, a la hora de enfocar la modelización, que tengan cada uno de ellos.

CONCLUSIÓN FINAL

Los procesos de Big Data Analytics tienen un carácter unitario y, por tanto, solamente dan solución a un problema concreto, que pueda planear una área de actividad de la empresa determinada, siendo la Transformación Digital un concepto mucho más amplio, puesto que abarca a toda una organización.

De ahí, que se tenga que diferenciar entre la conformación de dos equipos de trabajo diferentes:

- Uno, con **carácter operativo**; para desarrollar procesos de Big Data Analytics.

  Equipos que estarían coordinados por Científicos de Datos o Project Manager, según el caso.

- Y, otro, con **funciones directivas**; que se responsabilizaría de las fases de planificación, organización, dirección y control del proceso de Transformación Digital completo, el cual integrará y coordinará todos los procesos de Big Data Analytics que se planteen.

  Estando éstos dirigidos por CDOs, en coordinación con los Project Managers y el equipo directivo de la compañía.

"En síntesis, se puede afirmar que la Transformación Digital, desde un punto de vista analítico, se corresponde con el sumatorio de sendos procesos de Big Data Analytics, enfocados todos ellos a un objetivo común. Por lo que,

cobra sentido plantear una estructura dirigida por un CDO, del que dependen los Project Managers que coordinan dicho procesos".

ANEXOS

CONOCE AL AUTOR

José Luis CUBERO-SOMED. Científico de Datos especialista en Machine Learning y desarrollo de procesos de Transformación Digital. Con formación base en Ingeniería por la Universidad de Zaragoza, MSc in Finance por la ESIC Business School y Máster en Big Data Analytics por la Universidad Politécnica de Valencia, así como Diplomado en Bioinformática & Biología Computacional por la UPV y Psicología del Coaching por la UNED.

Con dilatada experiencia en el campo de la Consultoría e Investigación en sectores diversos, compatibilizando estas actividades con la de profesor de postgrado universitario y formación para empresas, en el área de la Ciencia de Datos. Encontrándome en este momento en pleno desarrollo de una nueva etapa, muy ilusionante para mí, en la que estoy poniendo a disposición de los lectores el conocimiento y experiencia adquiridos a lo largo de mi carrera profesional, para que tengan acceso a éstos de forma online. Planteándome, como compromiso personal, que el contenido desarrollado tengan una combinación de síntesis y calidad cuyo objetivo sea despertar el interés por la Ciencia de Datos en las personas que accedan a ellos.

Espero, a través de esta Serie, ayudaros a crecer personal y profesionalmente y que los conocimientos adquiridos sobre la Transformación Digital sean de vuestra utilidad.

Un cordial saludo.

OTRAS OBRAS DE LA SERIE

Esta Serie de cuatro libros sobre la Transformación Digital de la empresa está pensada para ofrecer, a todos aquellos interesados en la materia, una visión didáctica de la misma.

He procurado huir, en la medida de lo posible, de un exceso de tecnicismos al redactar los textos, buscando una orientación del contenido más cercana a un Manual de referencia. Tratando en todo momento que los contenidos le sirvan al lector como consulta o referencia a la hora de enfocar la Transformación Digital de una empresa, máxime si ésta está basada en la implementación de tecnologías Big Data y modelos de Machine Learning.

Por último, me gustaría resaltar, que uno de los objetivos de esta Serie es desmitificar que la Transformación Digital sea compleja, costosa y que requiera de una alta especialización para llevarla a cabo. Puesto que de la lectura de los libros que la componen se puede deducir cómo el conocimiento de los procesos, y la planificación de los mismos, simplifica significativamente su complejidad y permite un control de la inversión, en relación al Retorno de la misma (ROI).

A continuación, te presento una breve descripción de los cuatro libros que componen la Serie, sobre la Transformación Digital de una empresa, basada en la implementación de tecnologías Big Data y modelos de Machine Learning, por si te pudiera interesar.

1. BIG DATA ANALYTICS: PROJET MANAGEMENT. Guía rápida que muestra la metodología de trabajo para el desarrollo de procesos de Big Data Analytics.

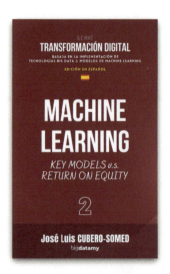

2. MACHINE LEARNING: KEY MODELS vs RETURN ON EQUITY. Guía rápida para saber cuales son los principales modelos de Machine Learning a implementar en la Transformación Digital de una empresa.

3. DIGITAL TRANSFORMATION MANAGEMENT: MASTER PLAN. Guía rápida para elaborar un Master Plan para la planificación del desarrollo de un proceso de Transformación Digital de una empresa.

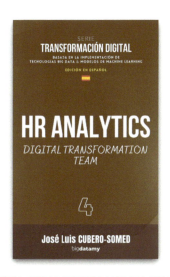

4. HR ANALYTICS: DIGITAL TRANSFORMATION TEAM. Guía rápida para conformar un equipo de trabajo especializado en el desarrollo de procesos de Transformación Digital.

MI RECOMENDACIÓN PARA HR Managers, CDOs, CTOs, CS & PMs

Me ha parecido adecuado, independientemente de que, la Selección de Personal o la actividad de conformar equipos de trabajo para desarrollar procesos de Transformación Digital, no necesiten tener conocimientos sobre Ciencia de Datos, que las personas interesadas en todo lo concerniente a HR Analytics tengan, si lo consideran oportuno, una introducción en la materia para que puedan empatizar con los profesionales cuando estén en pleno proceso de conformación de un equipo.

Para ello me gustaría mostraros, a modo conceptual, cuales son las principales técnicas que suelen dar solución, a la mayor parte de la casuística que se presenta, desde el punto de vista de la Ciencia de Datos.

DATA SCIENCE

Una Transformación Digital, basada en la implementación de tecnologías Big Data y modelos de Machine Learning, requiere, como elemento fundamental, de la Ciencia de Datos. De modo genérico, esta disciplina se fundamenta en la aplicación de ciencia a los datos, concretamente desarrollando modelos matemáticos o estadísticos.

La Ciencia de Datos, como tal, tiene un componente, llamémosle de creatividad, que hace que nunca dos modelos, aunque se utilice la misma técnica para desarrollarlos, arrojen el mismo resultado si los han implementado personas distintas. Esto hace que la figura del Científico de Datos cobre relevancia a la hora de conseguir los objetivos planteados para la Transformación Digital. Pero, aún siendo esto rigurosamente cierto, esta disciplina tiene una estructura básica de la que se parte para conseguir los objetivos, por lo que pasaré a desarrollarla y así complementar lo expuesto hasta ahora.

Modelos Supervisados[46]

Entenderemos por modelo Supervisado, aquellos modelos que, para dar respuesta a al problema planteado, **requieren de una variable dependiente o etiquetado** para llevarlo a cabo.

Lo ejemplos más comunes de modelos supervisados son los modelos de **Clasificación** por categorías y los modelos de **Predicción** de una variable continua.

Modelos No-Supervisados

---

[46] Un ejemplo de modelo de **Clasificación** sería; un Scoring para medir la morosidad de los clientes, donde la Variable Dependiente se categoriza en {0, 1}. El 0 representa a los clientes que están al corriente de pago y el 1, a los clientes que no han atendido sus compromisos de pago –también denominado como Default–.

Mientras que, en el caso una **Predicción**, podríamos poner como ejemplo, la predicción de ventas diarias, donde la Variable Dependiente sería el histórico de ventas diarias, que son datos numéricos de tipo continuo.

Los modelos No-Supervisados, son aquellos que **no tienen variable dependiente** y que, por tanto, sólo disponen de variables dependientes para el cálculo.

Éstos suelen ser, por ejemplo, los modelos basados en **Reducciones Dimensionales**[47] y **Clusterización**[48] no-jerárquica.

Grafos

Estos modelos se fundamentan en la **Teoría de Grafos**[49], que se basa en el estudio de las relaciones existentes entre un conjunto de elementos conectados entre sí. Cada elemento se le llama, Nodo, y la conexión entre los nodos, Aristas. De este modo se representan de forma visual conjuntos de datos abstractos, lo que implica una ventaja fundamental a la hora de analizar grandes volúmenes de datos, debido a la capacidad de síntesis que tienen los algoritmos que desarrollan esta teoría.

Optimización

Los modelos de Optimización están basados en la **Programación Lineal**[50]. Son técnicas que permiten maximizar o mi-

---

[47] Un ejemplo de Reducción Dimensional será la Detección de Anomalías en una máquina de producción determinada.

[48] La detección de Comunidades, entorno a la actividad de un hashtag en twitter, sería un caso de Cluterizacón no-jerárquica.

[49] https://es.wikipedia.org/wiki/Teoría_de_grafos

[50] https://es.wikipedia.org/wiki/Programación_lineal

nimizar una función determinada, sujeta a restricciones. Es muy común su uso en la optimización de procesos productivos.

"Esta es una clasificación de las técnicas asociadas a la Ciencia de Datos, que en síntesis, abarca en torno al noventa por ciento de la casuística que se da en los procesos de Big Data Analytics. Procesos éstos, que implementados en las áreas adecuadas, permitirán llevar a cabo la Transformación Digital de una empresa, sobre la base de las tecnologías Big Data y la modelización en Machine Learning.

Por tanto, mi recomendación, en base a lo expuesto en este apartado, sería la de poner en valor aquellos perfiles, que cumpliendo con los requerimientos expuestos para cada caso, tengan, como valor añadido, el comprender conceptualmente la conexión que existe entre la Ciencia de Datos, y, por ende, la modelización, con las necesidades del negocio como tal".

TE PIDO UN FAVOR

Quisiera pedirte un favor, para que me ayudes a que este libro llegue a más personas, y es que lo valores con tu opinión sincera en la plataforma donde lo hayas adquirido.

Me gustaría contar con tu colaboración para promocionar el libro y, de este modo, poder financiar el tiempo que dedique a investigar y elaborar el material que dé lugar a la edición de nuevos libros en el futuro, siendo esta la principal razón por la que solicito tu ayuda.

Muchas gracias, y recibe un cordial saludo.

José Luis.

www.ingramcontent.com/pod-product-compliance
Lightning Source LLC
LaVergne TN
LVHW072049060326
832903LV00053B/308